# BRWYDR YR URDD DDU

© 2020 MARVEL

Roedd Shuri, T'Tsiala a Doctor Bruce Banner yn gweithio yn Nhŵr yr Achubwyr.

Yn sydyn, clywson nhw sŵn mawr. **CRAC!**

"Beth oedd hwnna?" gofynnodd Shuri.

"Awn ni i weld!" atebodd Banner.

Dringodd y tri ar y to.

"Beth yn y byd … ?" llefodd Shuri.

"Gwyll sy 'na!" gwaeddodd Banner. Roedd e wedi clywed sôn amdani. Mae hi'n arch-ddihiryn ac yn un o ffrindiau Thanos.

"Beth mae hi'n ei wneud fan hyn?"

"Fe esbonia i mewn munud!" galwodd Capten Marfel. "Ond mae angen help llaw arna i yn gyntaf."

Rhedodd Shuri'n ôl i Dŵr yr Achubwyr i gasglu ei menig dur. Newidiodd T'Tsiala i Panther Du. Newidiodd Banner i Hylc. **WHAC!** Dechreuodd y ddau ymladd yn erbyn Gwyll. **SMASH!**

Saethodd Gwyll drwy'r awyr fel seren wib.
"Na, aros!" galwodd Capten Marfel. Roedd hi eisiau gwybod pam bod Gwyll wedi dod i'r Ddaear.
Ond diflannodd yr arch-ddihiryn o flaen ei llygaid.

Hedfanodd Capten Marfel yn ôl at y to. Roedd yr Achubwyr eraill yno'n aros amdani.

"Mae dau aelod o'r Urdd Ddu wedi dod i'r Ddaear 'te," meddai Capten Marfel. "Gwyll a Brân. Ond nawr mae Brân wedi dianc!"

"Pam eu bod nhw yma?" gofynnodd Panther Du.

"Dwi'n siŵr mai Thanos sydd wedi'u hanfon nhw i wneud drygioni!" atebodd Capten Marfel.

Yn sydyn, daeth galwad gan Morgrugyn.

"Help, Banner!"

Gwelodd Capten Marfel gleddyf Brân ar y sgrin. Roedd Morgrugyn yn gwneud ei orau i osgoi'r cleddyf a chadw'n ddiogel.

"Edrychwch," meddai Banner gan bwyntio at y map. "Rhaid i ni fynd at y dŵr!"

"Ond rhaid i fi drwsio fy menig dur yn gyntaf," meddai Shuri.

"Brysia, Shuri!" meddai Panther Du.

Roedd Scott Lang, sef Morgrugyn, yn falch iawn pan ddaeth yr Achubwyr i'w helpu. Roedd wedi cael braw wrth i'r dieithryn ymosod arno!

"Pwy yw hwn?" gofynnodd wrth i'r Achubwyr gyrraedd.

"Brân yw e," esboniodd Capten Marfel. "Un o ffrindiau Thanos."

"Mae Thanos eisiau gwybodaeth am y Gronynnau Pym," meddai Brân, gan dorri ar draws. "Gall Morgrugyn esbonio'r cyfan wrtho."

Y Gronynnau Pym oedd yn rhoi'r pwerau arbennig i Morgrugyn dyfu a mynd yn llai.

"Ddaw Thanos fyth i wybod y gyfrinach!" meddai Capten Marfel.

"O, gwnaiff!" atebodd Brân yn bendant.

**BAM!** Ymladdodd yr Achubwyr yn ddewr yn erbyn Brân. Ond doedd hynny ddim yn hawdd!

"Dal ati!" gwaeddodd Panther Du ar Capten Marfel.

Roedd Hylc ar fin taro Brân i'r llawr, ond yn sydyn …

... daeth Gwyll i'r golwg eto! "O na!" meddai Morgrugyn. "Un arall!"

Ceisiodd yr archarwyr ymladd yn erbyn y ddau ddihiryn. Ond roedd hynny'n anodd iawn heb fod y tîm i gyd yno.

Hedfanodd Panther Du tuag at Capten Marfel ar ôl cael ei daro'n galed gan Brân.

"Ble mae Shuri a'i menig dur? Mae angen help pawb arnon ni," galwodd Capten Marfel.

"Help! Draw fan hyn!" galwodd Morgrugyn wrth i Gwyll ymosod arno. Unrhyw funud nawr byddai hi'n ei gipio a byddai Thanos yn darganfod cyfrinach y Gronynnau Pym!

Yn sydyn, pwy ddaeth i'r golwg ond Shuri! Roedd hi wedi trwsio'r menig dur. Dyma hi'n taro Gwyll yn galed gyda fflach o egni o'r menig. **POW!**

Roedd Morgrugyn yn rhydd!

"Am ergyd!" meddai Capten Marfel.

O'r diwedd, roedd yr archarwyr yn ennill y frwydr.
"Gwell hwyr na hwyrach!" galwodd Panther Du ar ei chwaer.
"Da iawn, Shuri!"

Ond cyn i'r archarwyr eu dal nhw, dyma Gwyll a Brân yn diflannu.

"Roedd hynny'n anodd!" meddai Morgrugyn.
"Nag oedd, roedd e'n hawdd," atebodd Shuri, "achos roedd yn waith tîm gwych, ffrindiau!"